Livro das Obviedades

LIANA PORTILHO

LETRAMENTO

Dedico este livro à Luisa, meu amor-em-filha, que lê.

Livro das Obviedades

E o Infinito, o que é? O Infinito não é: é sendo. O Infinito não tem dimensão. O Infinito não comporta mensuração. O Infinito é o Universo estendido. O Infinito é a vida sem nenhum sentido. O Infinito é a ressurreição. O Infinito é um corpo e uma alma ligados por uma fina conexão. O Infinito é espaço. O Infinito é o conhecimento e o desconhecimento. O Infinito é possibilidade sem plausibilidades. O Infinito é uma porção de perguntas. O Infinito não comporta respostas dadas. O que é o Infinito? Ninguém pode dizer. Mas é possível. É possível nele se viver. É possível nele crer. É possível fazer do Infinito a medida do amor. É possível fazer do Infinito a medida da vida. É possível fazer do Infinito a própria vida nele fundida.

Este é um livro de obviedades e de algumas curiosidades que, nem por isso, deixam de ser óbvias – confuso assim.

Estamos na década dois do século vinte e um.

Muita coisa existe há pouco tempo.

Muita coisa existe há muito tempo.

Crianças, amores, encontros, palavras, conflitos, vácuos, anátemas e sentimentos também.

Afetos e emoções movem moinhos.

Paixão e solidão quase sempre andam juntinhas.

Faço um contato como quem pede um chamego.

Penduro um retrato num quadro e deito outro debaixo do travesseiro.

Realidades ainda contêm verdades.

Verdades ainda contêm banalidades.

Este é um livro de variedades.

Este é um livro moldável – maleável – adaptável – para várias idades.

A curiosidade é uma raiz da verdade.

A obviedade é uma clareza de verdade.

Curiosity – obviety – love.

veritas imperat –

ad astra et ultra

amor continuum est.

Sumário

112 História do Cão e do seu Deus

124 História do Dinheiro

132 História da Nuvem

144 História da Partícula

150 História da Girafa

164 História da Árvore-Ave

172 História do Livro

184 História do Vulcão

196 História do Amor

História do
Cão e do seu Deus

Um cão: ser que late.

Um cão: Ceschiatti.

Um cão: por ti nasce.

Um cão: Portinari.

O Deus amplifica sua gravidade quando diante do olhar do cão.

Um homem está à altura de Deus. Está.

Um homem pode ser filho de Deus. O cão não é.

Um homem é capaz de pensar. O cão não é.

Um homem é capaz de ficcionar. O cão não é.

Um homem é capaz de pintar. O cão não é.

Um homem é capaz de falar. O cão não é.

Um homem é capaz de amar e o cão também é.

Esse Deus do amor é Deus do homem e do cão.

É mais Deus diante do cão que do homem.

Diante do humano deus é mais humano.

Diante do cão deus é inumano: é só Deus.

O cão é a mais humana das criaturas de Deus.

Logo, o cão é a mais divina das criaturas divinas.

Um cão não pede: dá.

Um cão não perdoa: doa.

Um cão não entende: aprende.

Um cão não fala: comunica-se.

Um cão não abandona: abandona-se.

Um cão não esquece: repete.

Um cão não dissimula: emula.

Um cão não se contém: extravasa o amor que tem.

Um cão não beija: lambe (o que é mais que um beijo).

Um cão não quer casa: quer dono.

Um cão não reclama: acompanha.

Um cão. Um cão. Cão. Cão-Cão.

Um cão é a *opera prima* de Deus.

O cão observa no chão do altar a celebração para a qual não foi convidado.

A celebração para a qual não foi planejado.

A celebração para a qual Deus convidou o homem e depois aceitou que a mulher –

em certa medida – também entrasse.

O cão não foi convidado para a festa:

a festa no altar de Cristo Jesus.

Nunca foi.

Mas, no altar da moderna-idade,

no altar da realidade,

o cão entra,

o cão lá está.

O cão pampulha.

Olha profundamente para aquele Deus,

que também é seu,

que também o inventou como cão

– e felizmente não se esqueceu de inventar a cadela –,

que também lhe disse: cão!

que também o acolheu como o melhor amigo do seu filho.

O cão olha.

Tenta entender qual milagre está se fazendo ali.

Tenta entender como um corpo vira hóstia e como um vinho vira sangue.

Assiste àquilo com atenção.

Pergunta-se porque não pergunta:

"é bom ser Deus?"

E quando vê o pão elevado, a sua natureza canina também se eleva:

– au au au – cá estou eu,

nesta igreja social,

nesta igreja universal.

O cão ama de graça.

Deus também.

E *Ele* fala:

– O que você quer ser, homem?

"Quero ser o meu querer".

– O que você quer ser, cão?

"Quero ser o que Deus quer".

Eu também.

História do
Dinheiro

B: Quem quer compraaaar? Quem quer compraaaar? Quem quer comprar dinheeeeeeiro?

A: Não entendi.

B: Quem quer compraaar, quem quer compraaaar, quem quer comprar dinheeeeeiro?

A: Que cara maluco!

B: Quem quer compraaaar? Quem quer compraaaar? Quem quer comprar dinheeeeeeiro?

A: Está bem! Eu quero comprar. E com o quê se compra dinheiro?

B: Com dinheiro, oras!

A: Horas?

B: Com dinheiro, a horas.

A: Não entendi.

B: Você me dá mais dinheiro do que eu lhe dou de acordo com as horas.

A: E o que eu ganho com isso?

B: Dinheiro!

A: Ainda não entendi.

B: Ai, ai... Bem, vamos lá: você toma meu dinheiro (emprestado, tá?) e, quando quiser me devolver, o fará em dobro. Na verdade, talvez em triplo ou mesmo em quíntuplo ou mais, a depender do tempo que você ficar com o meu dinheiro.

A: E tenho que ficar tomando conta do seu dinheiro?

B: Não, não... Ele passa a ser seu. Emprestado, mas seu. Faça com ele o que bem entender: compre casa, lote, carro, viagem, roupa, pílulas da sorte e da morte. Até sorvete. Até sorver-te, certo?

A: ?

B: Use-o à vontade, como quiser o seu querer ou de acordo com as suas necessidades.

A: E você? Como fica sem seu dinheiro?

B: Fico tranquilo... esperando... Tenho muito, muito mais dinheiro.

A: Mas, se eu gastar o seu dinheiro, como farei para devolvê-lo a você?

B: Olhe, aí é com você, parceiro. Creio que terá que trabalhar bastante... além do que já trabalha. Ou então ter uma sorte bem grande: um bilhete premiado ou a herança de uma tia rica que não lhe queira mal.

A: E, enquanto eu faço tudo isso, você faz o quê?

B: Ora, empresto mais dinheiro!

A: Mas e depois que o dinheiro está, digamos, emprestado: há o que se fazer?

B: Ah, sim. Continuo tentando emprestar mais e mais dinheiro. Além, claro, de tentar receber, contabilizar e administrar todos os capitais e juros que me são continuamente repassados. É um trabalheira sem fim... Você não pode imaginar!

A: E se, em vez de pegar seu dinheiro, eu for trabalhar com você? Não consigo dinheiro sem esse desespero?

B: Você certamente continuará precisando do meu dinheiro, guri. O mundo é assim: uns têm, outros tomam emprestado. E, seja com suor ou com sorte, pagarão o que devem. Pois sempre acreditam que devem.

A: Você devem a alguém?

B: Devo a mim mesmo. Mas não sei fazer essa conta. Desaprendi a me calcular de tanto contar com o que me devem, em dinheiro, os outros dinheiros que espalhei por aí.

A: Mas não é difícil viver assim?

B: Que nada! Já diziam que não há dor sem fim e mal que não se acabe em mim.

A: Para comprar dinheiro, é preciso amor? Preciso de amor para comprar dinheiro?

B: Nada disso, pequeno guri. Essas perguntas não se encaixam aqui.

A: Até logo, então! Não me servirá o seu dinheiro!

B: No território do dinheiro, o amor é estrangeiro.

C: E você, B? Nunca se cansa, não é? Traz o assento no seu nome para não se cansar de esperar aqueles que nunca irão lhe pagar e os pobres ricos de espírito que não querem lhe procurar.

B: É.

História da
Nuvem

Uma nuvem inspirou

e umidificou

outra nuvem,

que inspirou profundamente

e de repente

também se fez contente.

Outra-outra nuvem

vinha passando por perto,

mas não imaginava aonde

chegaria ao certo

e também

inspirou, inspirou,

inspirou.

Encheu-se de ar,

e o ar, gás,

líquido virou.

E outra-outra-outra nuvem

ali também chegou.

Com as demais,

encontrou o seu líquido-gás e,

expelindo-o

num instante,

num raro instante,

tudo mudou.

O gás quase líquido,

meio gás,

chuva virou.

A terra,

lá embaixo,

se molhou

– respirou.

As plantas gostaram.

As crianças gostaram.

As poças formaram-se.

As pessoas amaram-se.

Debaixo da chuva,

o amor brotou,

o amor amou:

um estrondo se fez raio-relâmpago-trovão,

tudo sem discussão,

tudo sem aflição,

tudo sem muita direção.

Porque o trovão nada mais é

– e tudo é –

que um abração,

uma abrasão:

o abraço de uma nuvem com outra nuvem,

com outra-outra nuvem,

com outra-outra-outra nuvem:

um abraço com emoção,

um abraço com paixão –

o abraço-conexão.

O trovão é bom.

A nuvem é pesada.

Tem muita certeza de água,

o que é o mesmo que uma certeza aguada.

Precisa diluir-se em leveza,

em certeza da incerteza.

A leveza do braço no abraço

da nuvem em fusão

com outra nuvem

com outra nuvem em fusão

– com fusão:

não há clarão sem explosão.

As nuvens guardam da terra a água recôndita. As nuvens são reservas. As nuvens são reservadas. As nuvens tremem de alegria quando se abraçam. As nuvens se entrelaçam até serem uma ou mais de uma. As nuvens são pluma. As nuvens vêm quando as plantas lhes querem bem. As nuvens fazem chover. As nuvens são a torneira do céu. As nuvens são como mel. As nuvens às vezes podem parecer fel. As nuvens podem parecer véu. As nuvens também são o que chamamos de céu. As nuvens são. As nuvens vão. As nuvens vãs. As nuvens.

História
da Partícula

A formiga é atômica.

A formiga é um elemento atômico.

Assim como o *efe*.

Assim como o *o*.

Assim como o *erre*.

As letras são elementos atômicos.

Umas com as outras, dão liga.

Umas com as outras, formam viga.

Umas com as outras, fazem vida.

A palavra.

A palavra é um elemento atômico.

A palavra é um monte de letra às vezes.

A palavra é muitas letras soando muitas vezes.

A palavra é uma bomba de letras e *talvezes*.

A palavra é lavra.

A palavra para.

A palavra.

O átomo é um elemento atômico?

Talvez.

O elemento é um ser anômalo?

Talvez.

Particularmente,

universalmente o verso em mim se fez.

No princípio, tudo o que era céu enrubesceu.

Escrava,

a palavra do homem se fez,

o homem da palavra se refez.

A palavra fez:

não sabia se a palavra era larva,

se era lavra,

se se lava,

se resvala,

feito água de chuva que escorre na vala,

pálida –

o impacto no vácuo –

a palavra partícula demiúrgica,

a palavra letra semiúrgica,

o parvo

- sou eu?

O espaço imedido do vácuo,

atonitamente magro,

tomou a tomada do chão,

na hora do choque-clarão.

Não era sabido que o átomo

também estoura num toque de mão.

História
da Girafa

Uma girafa girava
as duas pernas dianteiras,
buscando conseguir
um espelho d'água limpa,
com a língua, atingir.

O joelho direito dobrou
em direção ao esquerdo
o abraçou:
o pescoço não curvou.

Era preciso dar outro jeito

para que a água escorresse

pela longa garganta do bicho

sem que, com isso,

a Girafa esmorecesse

– e morresse.

Sim, era esse o grande desafio da vida das girafas:

beber água sem virar comida de leão.

É que uma perna em falso,

um único movimento torto,

poderia tombá-la ao chão,

o que na certa resultaria

num ataque fatal do seu predador leão.

A acrobacia deveria ser, então, certeira:

as duas pernas abrindo-se

como um cavalete,

quase que simultaneamente,

à esquerda,

à direita.

Sobre tema tão preocupante,

os folhetins não cessavam de noticiar

a possibilidade iminente da desidratação das girafas,

uma ocorrência que não queria calar:

A cada dia, mais girafas têm-se quedado à procura de água: seja por não conseguirem ingerir o líquido vital, seja por serem atacadas – no contra-ato da dobra do corpo – por ferozes leões quando estão a beber na fonte. O caso é deveras preocupante e tem gerado uma comoção mundial de especialistas em girafas e em outros grandes mamíferos. Várias pesquisas têm sido concluídas, e propostas já estão sendo estudadas para equacionar esse problema crucial da existência das girafas: beber água. Esses animais de altíssimo porte (chegam a mais de cinco metros de altura) e de longuíssimo pescoço resolvem-se bem quando o problema é a busca por alimentos sólidos: seus longos pescoços e patas permitem que esses herbívoros comam só as folhas das copas das árvores, o que quase sempre lhes permite uma seleção privilegiada do alimento, sendo manifesta a sua preferência por folhas de acácia. Apesar de sua peculiar marcha (as pernas de um mesmo lado do corpo são erguidas simultaneamente) propiciar-lhe uma velocidade de até 50 km/h, a desidratação ameaça constantemente a sua existência, já que abrir as pernas dianteiras em 190 graus, esparramando cuidadosamente as traseiras, sem que o seu pescoço projetado para a frente a deixe cair no chão, não é tarefa das mais descomplicadas.

Chamaram, então, muitos especialistas,

dos mais renomados aos melhores e anônimos,

que não gostavam de entrevistas.

O assunto de repercussão internacional

ganhou a atenção das crianças

que na escola faziam

um trabalho com jornal.

Elas ficaram intrigadas e apavoradas

em imaginar a morte de alguém

tão grande

por algo substancialmente

tão suave

como a água.

Foi então que tudo começou a mudar.

As girafas do mundo inteiro começaram a meditar.

Não havia barulho nem silêncio que as pudesse incomodar.

Em bandos de dez, doze ou mais parceiras,

as girafas passaram a reter, durante as chuvas,

água em folhas de bananeiras.

Passavam horas e dias recolhendo com os dentes

o material, quase espiritual,

e o mantinham devidamente conservado

nos topos mais topos

das árvores mais altas,

que só suas pernas, que quedam firmes,

podiam alcançar.

As chuvas caíam e as águas se retinham

nas inúmeras folhas de bananeiras

que as girafas, agora matreiras,

selavam umas às outras,

formando uma espécie de longo cano.

Em pouco tempo, choveu tanto,

que verdadeiros reservatórios estavam formados

e, se preciso fosse,

com capacidade para abastecer uma cidade inteira.

O caso foi bastante divulgado,

e um honroso prêmio às girafas empreendedoras

foi dado.

A água que era dada passou,

da chuva,

a ser guardada.

O leão, que era vilão, compareceu,

de gravata e tudo,

à cerimônia de premiação.

E, em mais um mistério da criação,

girafas e leões confraternizaram,

abraçaram-se,

congratularam-se:

cada qual em seu papel,

cada qual em seu particular pedaço

de céu.

E seguem vivas muitas girafas.

E muitos leões também.

162
∞
163

História da Árvore-Ave

Diz Luisa: "Coco bate-bate na árvore!".
Digo eu: "Coco bate-bate na ave".

Tinha uma árvore crescendo debaixo da minha janela.

Tinha uma árvore enorme crescendo debaixo de mim.

Eu não sabia se era uma árvore

Se era um brócoli gigante

Verde estonteante

Ou se era uma couve-flor esmaecida assim.

Tinha uma árvore crescendo no meu jardim.

Tinha uma árvore crescendo por dentro de mim.

Eu não queria que fosse uma árvore enorme

com medo de não caber em mim.

Se vinha com muitas raízes

ou se era planta d'água

com raízes flutuantes,

leves,

cor de carmim.

Tinha uma árvore crescendo para mim.

Tinha uma árvore crescendo, todo dia, bem diante de mim.

Eu não queria encostar naquela árvore,

mas queria que ela continuasse a crescer sem fim.

Queria que continuasse verdinha, forte ou clarinha,

com muitos ramos, folhas e flores novinhas,

que florescesse,

só florescesse assim.

Tinha uma árvore em mim.
Tinha uma árvore em mim.

O brócolis que eu comi
era uma árvore em mim.
A couve-flor que eu conheci
virou árvore para mim.

Tinha uma árvore em mim.
Tinha uma árvore em mim.

Tinha uma árvore.

Uma árvore para aves.

Uma árvore para aves avoarem.

Uma árvore para aves voarem e pousarem.

Uma árvore para crianças brincarem e contemplarem.

Uma árvore para crianças abraçarem.

Uma árvore para crianças.

Uma árvore: ave!

Uma árvore.

Árvore

Arvore

Arvre

Ave

A

V

E

> = < =

ΔΔΔ

|

História do Livro

Para Doutor Salvador.

O livro fez-se de papiro.

O papiro fez-se de quê?

Não sei.

Mistério?

Não: obséquio.

A natureza deu.

Deus deu.

E, assim,

hebreus e babilônios,

todo o mundo greco-romano,

pelo papiro leu,

pelo papiro recebeu

o escrito de escribas,

os escribas dos escritos,

sentidos da vida

que respira

na folha do papel

e para além.

A folha fabricada

com a planta da natureza

era comercializada,

devorada.

Comia-se papiro.

E o papiro os comia.

Da prensa do papiro,

mil e mil anos depois,

surgiu outra prensa,

a imprensa.

Pensando e prensando pensamentos,

livros e livres foram feitos,

livres e livros foram eleitos.

Papyrus: nas margens do rio Nilo.

Papyrus: ainda no antigo Egito.

Papyrus: livro-vos.

Para-piro livre.

Para-piro livro.

Para-piro: livro-me.

Pai-piro?

Piro.

Pura pirotecnia.

A confecção do papiro se dava pelas mãos dos artesãos. A confecção do papiro exigia muita dedicação: finas tiras do caule dessa planta da família das ciperáceas eram cortadas para, depois de molhadas, serem delicadamente colocadas, cruzadas, uma sobre a outra, para serem, enfim, prensadas.

Martela a folha,

alisa a folha,

cola a folha

em outra folha.

Forma uma longa fila de folhas.

Prensa a folha.

Uma pressão sobre elas

até que se misturem ao algodão.

Fundam-se numa só textura.

Amarela.

Amarelo.

(Papel, no princípio, eras amarelo...)

E enrola

E fibrila:

a escrita acontece paralela às fibras.

Os escribas egípcios usavam o papiro para registrar letras e números. Os escribas egípcios usavam o papiro para contar histórias e contas. Muitos rolos foram guardados pelas pirâmides egípcias. Dormiram lá. O papiro também serve de comida: para os pobres de alimento, para os ricos de espírito. E os bois também o comiam. Cestos, redes e pequenos barcos foram formados de papiro. E muitos sonhos foram por ele embalados.

Livro: livro-me.

Livro: livre-me.

Livro: papiro,

respiro.

Respiro.

Livro: livre-me de mim.

Livro: livro-me de mim.

182
—
183

História
do Vulcão

Para formar o planeta Terra, muito movimento fez-se necessário, no interior e na superfície do solo. Ali onde os olhos não conseguem ver, mas o coração pode perceber, gigantescos blocos criam montanhas enormes ao se chocarem. Por entre as fissuras dessas montanhas, passam fluidos gases, material elástico e magma, muito magma, vindos das profundezas mais profundas da Terra. Fenônemos nada naturais surgem também desses choques, como os maremotos e os terremotos.

Vulgo era um vulcão inominado.

Deram-no por morto

tão logo nascido,

erupido.

Julgaram, e julgaram-no,

por um momento de explosão,

de fúria incontida num dia sem outra inspiração,

que sua vida dissipara-se

sem novos possíveis

diapasões.

Enganaram-se, e enganaram-no,

contudo.

Todavia, Vulgo não se vulgarizou.

Decidiu ser nascido.

Decidiu ser vivo e vivo se tornou.

Esperou silenciosamente

como, de fato, deve-se comportar nas esperas verdadeiras.

E, num dia azul, muito azul, excitou-se.

Não só a si,

mas a todos que vicejavam pelas aldeias vizinhas.

Vulgo ressonou,

inspirou fundo,

estremeceu-se.

Respirou mais fundo ainda e exalou

toda a sua ânsia incontida,

toda a sua gana retida,

toda a sua diáspora íntima, incompreendida.

Vulgo se tornou

e se entornou.

Tiveram, então, que lhe dar um nome.

Vulgo não poderia ser vulgar.

Era agora vulco, Vulcânico.

Possuidor de próprios e insondáveis desejos.

Possuidor de terríveis e incompreensíveis humores.

Vulgo.

Vulgarmente, Vulgo era chamado.

Vulcânico havia se tornado.

Vulgo.

Vulgo enterneceu depois que estremeceu.

Vulgo adormeceu depois que enterneceu.

Vulgo não era mau.

Vulgo queria apenas falar.

Vulgo não sabia explicar.

Vulgo pensava que não podia viver sem se explicar.

Vulgo aprendeu que a explicação
pressupunha um sentido.
Um sentido sentido
ou ao acaso compreendido.

E Vulgo percebeu que muita coisa
não fazia sentido,
o que era preciso
para que, de incerto modo,
perdesse o sentido de si
e se perdesse.

Mal sabia Vulgo que se encontraria

justo nos espaços

sem muito sentido dado,

sem sentido atribuído,

gravado,

nos espaços de sua alma ignara:

ali,

precisamente ali,

ele encontraria a si.

Foi nessas andanças

pelo conhecido desconhecido

no interior do seu interior

que Vulgo descobriu

o seu desejo de vir à tona

para o que desse –

e para o que viesse

também.

Vulgo não queria ser mais um vulto
na multidão.

Queria ser vultoso.
Queria ser valoroso.

Não era fácil ser vulto,
muito menos vulgo.
Vulgo não sabia como ser Vulco.

Sabia que queria querer.
Sabia que queria ser.
Sabia que pouco importava ter:
descobriu que o importante é viver.

Também no oceano existem vulcões submersos, aos milhares. Alguns derramam tanta lava que formam ilhas isoladas de tempos em tempos, dependendo da sua vivacidade. As nuvens formadas por gases expelidos dos vulcões nem sempre causam danos. Às vezes, são só um sopro de vida, de volta à vida. O nome que (é) chama: na Islândia, Vulgo é Eyjafjallajokull; na Martinica, Monte Pelée; Krakatoa é como lhe chamam na Indonésia; Pinatubo, nas Filipinas; Monte Etna e Vesúvio são seus nomes na Itália; Santa Helena e Kilauea são os nomes que lhe dão nos Estados Unidos.

História
do Amor

O amor

é fácil de traduzir:

o amor é uma onda,

mais uma onda,

mais outra onda

e mais outra onda

que, juntas, formam ondas

conectadas assim:

8 ou

∞.

O amor, em suma:

costura, cura,

descostura,

muda,

tem ternura,

não tem mesura:

desnuda.

O amor resiste:

ao fim, ao sim, ao não,

a qualquer desencontro

sem encontro,

a qualquer canto

sem quanto,

a qualquer quando

sem quanto.

O amor é o fim:

o fim

de tudo o que existe em mim,

o fim no fim:

o amor é in-finito

por mim

por ti

por outro

enfim.

Fim.

Liana
Portilho

Liana Portilho é mineira, de Carangola, desde 1974. Mora em Belo Horizonte, onde atua como procuradora do estado e advogada. Já publicou um livro infantil, *Um problema atrás do outro* (Editora Miguilim, 1999), e alguns outros, como *Estatuto da Cidade Comentado* (Mandamentos, 2002); *Função Social da Propriedade à luz do Estatuto da Cidade* (Temas & Idéias, 2003); *Nova Ordem Jurídico-Urbanística: Função Social da Propriedade na Prática dos Tribunais* (Lumen Juris, 2006); sendo, o mais recente, *Patrimônio Cultural e Movimento Modernista: a coisa literária como fonte da norma jurídica* (Editora Letramento, 2019), fruto do seu doutorado na UFMG.

Copyright © 2021 by Editora Letramento

Copyright © 2021 by Liana Portilho

DIRETOR EDITORIAL | Gustavo Abreu
DIRETOR ADMINISTRATIVO | Júnior Gaudereto
DIRETOR FINANCEIRO | Cláudio Macedo
LOGÍSTICA | Vinícius Santiago
COMUNICAÇÃO E MARKETING | Giulia Staar
ASSISTENTE EDITORIAL | Matteos Moreno e Sarah Júlia Guerra
DESIGNER EDITORIAL | Gustavo Zeferino e Luís Otávio Ferreira
PROJETO GRÁFICO | Fernanda Gontijo
ILUSTRAÇÕES | Selma Weissmann
REVISÃO | Alice Bedê, Daniel Rodrigues Aurélio (Barn Editorial) e Maraíza Labanca

Todos os direitos reservados.
Não é permitida a reprodução desta obra sem aprovação do Grupo Editorial Letramento.

Dados Internacionais de Catalogação na Publicação (CIP) de acordo com ISBD

P852l   Portilho, Liana
Livro das curiosidades e obviedades / Liana Portilho; ilustrado por Selma Weissmann. - Belo Horizonte: Letramento, 2021.
204 p. : il. ; 21cm x 14cm.
ISBN: 978-65-5932-082-0
1. Curiosidades. 2. Obviedades. I. Weissmann, Selma. II. Título.

CDD 036.9
2020-659   CDU 030

Elaborado por Vagner Rodolfo da Silva - CRB-8/9410

Índice para catálogo sistemático:
1. Livro de curiosidades 036.9
2. Livro de curiosidades 030

Rua Magnólia | 1086 | Bairro Caiçara
Belo Horizonte – Minas Gerais
CEP 30770-020 | Fone 31 3327-5771

editoraletramento   editoraletramento.com.br
editoraletramento   company/grupoeditorialletramento
grupoletramento   contato@editoraletramento.com.br

casadodireito.com   casadodireitoed   casadodireito

Fim.

por mim

por ti

por outro

enfim.

O amor é o fim:

o fim

de tudo o que existe em mim,

o fim no fim:

o amor é in-finito

O amor resiste:

ao fim, ao sim, ao não,

a qualquer desencontro

sem encontro,

a qualquer canto

sem quanto,

a qualquer quando

sem quanto.

O amor, em suma:

costura, cura,

descostura,

muda,

tem ternura,

não tem mesura:

desnuda.

O amor

é fácil de traduzir:

o amor é uma onda,

mais uma onda,

mais outra onda

e mais outra onda

que, juntas, formam ondas

conectadas assim:

8 ou

∞.

História
do Amor

Aranhas de espécies diferentes não fazem teias iguais – palavra de cientista.

– E se, em vez de eu lhe pedir um pedaço, pedir-lhe você todo, pedir para devorá-lo todo, você deixa?

– Deixo, claro que deixo. O que não topo é não seguir inteiro, pois assim não desejo.

– E isso importa?

– Claro que sim, sua aranha idiota! Ou você não percebeu que
o caminho só se revela para quem abre a porta?

– Polvo, oh, Polvo, ignora-me, eu sei. Mas me ajude a responder o que não sei?

Pow!

– Credo, que foi isso?

– Foi um polvo que acabou de cair num precipício.

– Bem, é chegada a hora de você desgarrar-se um pouco da sua teia, arainha. Só assim um dia você poderá ser a rainha: a rainha do seu próprio reino.

– Que é isso, biscoito? Que papo mais doido!

– Nada disso, arainha. Você precisa deixar de viver ensimesmadinha. Você tem oito perninhas e pode muito bem sair por aí atrás da sua sina.

– Mas é bom esperar daqui.

– Bom nada, você nem sequer escolhe o que cai na sua malha!

O primeiro fio é lançado como um dardo ao ar: forma-se uma ponte. Nela, a arainha segue andando e, dali, esticando outros fios radiais. Cola, em cada raio de fio, um fio diferente. E a cola persiste no fio para nele aderirem outros insetos que lhe servirão de alimento.

– Você percebe que tem oito pernas?

– Sim, claro. E o que tem isso?

– Você percebe que o cabeçudo polvo também tem oito patas?

– Também sim, Optolomeu.

A aranha alongava-se em sua teia e desenhava uma posição iogue. De cabeça para baixo, ela via o mundo invertido, e, assim, era-lhe caro perceber, muitas vezes, o comum senso sentido. Ela vivia, também, a maior parte dos dias e das noites às voltas com a sua própria teia, tecendo e retecendo os seus raios diametrais.

– Como assim? Não entendi.

– É que sou um oito, um oito de biscoito. Tenho duas partes que são, a um só tempo, uma. Compreendido?

– Não, meu amigo, pois não consigo sentir o sentido.

A aranha perguntou ao biscoito:

— Você me dá um pedaço de você?

E o biscoito disse:

— Não posso me dar para você, não, arainha, pois eu ficaria pela metade.

História de
Oito Pernas

Para Mila.

– E será que não é essa a diferença entre o grande e o pequeno, Noé?

– Qual?

– A gente cresce é para descaber no que é seu.

– No meu?

– No seu, no eu.

– A gente cresce é para aprender a viver vida afora com o que é seu e com o que é meu.

– O nó-eu.

– Quando não pressente o perigo, coloca o focinho para fora de casa.

– O Tatuí não precisa de buraco para se esconder.

– Ele mesmo é a sua própria toca: recolhe-se em si, retraindo todos os seus pequenos membros, e, num instante, já nem parece um Tatuí – parece mais um caramujo pequeno de tão sereno.

– Será por isso que Tatu e Tatuí têm casaca? Isto é, casca?

– Como assim?

– Eles andam protegidos: o Tatu tem um casacão por cima do corpo, que é grande e mesmo gordo.

– O Tatuí também tem seu casaquinho: só que bem pequenininho.

– Mas para ele é bem grandão, porque serve até de casa essa sua casca.

– Já o tatá, digo, Tatu, vive cavucando um buraco para se proteger do tu.

– Cavuca, cavuca cavuca: até fazer caber seu corpo inteirinho, com rabo e tudo, debaixo da terra, escondido do sol e apagado da lua.

– Desculpe: um quer ser para o outro e o outro quer ser para si. Isso: si. Confundo esses nomes que chamam de pós-nomes, pronomes, sei lá!

– Parece fazer mais sentido assim: Tatuí quer ser para si. Tatu quer ser para tu.

– ...

– Sabe qual é a diferença entre um Tatu e um Tatuí?
Um quer ser para o outro; o outro quer ser para ti.

– Não entendi.

– Um quer ser o outro. O outro quer ser para ti.

– E não é o mesmo querer?

História do
Tatu e do Tatuí

Está claro, assim?

Pode desprender-se de mim tranquilo, Fiotim: para se acrescer tem-se que saber que a morte não é somente o fim. Ela também é o começo só, de um outro fim.

Deu para entender assim?

Fio: O fio da vida é um só?

Ser: O fio da vida é um só: o que vai dela à morte e o seu desenrolar – o que volta do fio estendido contínuo – de ponta ligada em ponta, como um novelo que se esqueceu de novelar.

Fio: E por que vivo se vou morrer? É porque vivo que vou morrer?

Ser: Vive-se para crescer. Vive-se para morrer. Morre-se para viver. Por isso é preciso crescer. Por isso é preciso morrer, Cabelinho: só morre o que conseguiu crescer um tiquinho, nem que esse movimento tenha se dado no curto e intenso espaço de um minutinho.

Fio: Cada pedacinho do nosso fio tem uma dada saúde? É isso, Serafim?

Ser: É um pouco assim, Fiozim.

Fio: Por favor, socorro, não cortem meu cabelo! Preciso envelhecer!
Preciso crescer!

Ser: Já lhe disse, Fiofim: não há mor de viver sem fim.

Fio: Como assim?

Ser: É preciso morrer, Fiofim. Pois, quanto mais se morrer, mais se vai viver.

Fio: Sei... Sei?

Ser: Só se vive o que se morre um pouquinho, só se morre se se vive ao menos um minutinho.

"Não sou pelo.
Sou cabelo.
Posso até ser um cabelo peludo.

Minha ponta, velhinha, sofre, sofre quebradinha.
A raiz, bebe seivinha de queratina e vive hidratadinha.
Sabia que um mesmo fio de cabelo tem muitas idades distintas, Fio?
A raiz tem um dia, o marco dois centímetros pode ter três meses.
O marco quarenta, imagine, pode ter muitos anos!
Incrível. É melhor não fazer uma canção.
Está provado que só é possível rimar sem meditação."

Fio: Nunca pensei nisso desse jeito, Serafim. Mas deve ser também
o que ocorre com o filhote e com o pai do capim.

Ser: Pois é de pensar mesmo assim: somos velhos e novinhos o tempo todo.
Tenho tamanhas idades no meu único corpo-fio. Por isso historio esse mesmo
repetir, que é do filho, do pai, da mãe, da avó, do avô, da prima, do tio e do
neto do fio de cabelo. Esse pensamento me faz relatar um rap-poema:

Vento vem, vento vai...

o Serafim disse para o Fiofim:

– Olhe para o meu ser, Fim: você já pensou que meus dedinhos
do pé são cansados, quebrados, duplos, machucados?

No entanto, a raiz da minha cabeça está bem novinha, fresquinha,
tem dias, horas, minutos – talvez segundos – de vida?

Um fio de cabelo abraçou o outro e disse assim:

– Fio, o que é que você vê em mim?

E o outro fio respondeu rapidim:

– Ah, fofinho, eu gosto do seu corpo esguio e sem fim.

– Mas e se um dia eu tiver fim? Você larga de mim?

– Largo, sim, Fiofim, pois não há modo de viver sem fim.

E enroscaram a pontinha dos dedos dos pés para se prenderem um pouquinho mais...

História do
Fio do Cabelo

Esqueceram-se que combinaram

que os ninhos seriam refeitos a cada ano,

de modo que neles pudessem fecundar

a cada novo setembro,

e o seu amor,

assim,

perpetuar: ao gritar, ao gargalhar,

ao pôr do sol se dar –

juntos.

O casal sincroniza um dueto – dizem.

Isso sem contar que trabalharam em conjunto,

por dias e mais dias,

para construírem o tal ninho –

só os dois sozinhos,

só os dois joõezinhos –,

equilibrados em árvores isoladas

ou em postes de iluminação.

O João esqueceu que a casa deles

fora construída num formato de forno,

com barro úmido e um pouco de esterco

misturado à palha,

sem janela e sem cimalha –

a mais perfeita fornalha.

O João-de-Barro construiu toda a casa deles no biquinho

(de fato, os dois juntinhos).

Mas ele não queria morar nela depois.

A Joana-de-Barro arrumou a casa e arrumou um caso.

O João deixou a casa por conta do caso,

que nem sabia se era fato,

e trancou-a em casa —

para sempre dentro da casa.

Os joões e joanas-de-barro enternecem-se com as horas mais quentes e claras do dia, ao contrário de outras espécies da família. E, assim, entoam sequências rítmicas mais prolongadas: um canto festivo crescente e decrescente. Sabe-se que essa curiosa espécie de pássaro é muito conhecida por seu ninho singular e criativo, feito de barro e capim. Admirado por todo o povo, que o reputa trabalhador, esse joão e essa joana são especiais: não só pelo ninho que fazem, mas por se manterem casal por toda a vida. Entre eles, não há vácuo para a traição. Dizem que, quando isso um dia acontece – e se acontece –, o macho aprisiona a fêmea dentro do ninho e fecha a portinha dele com cera de abelha. Coisa muito feia. Afinal, as casas também mudam de estação. Por ser assim, a cada ano, o João e a Joana fazem um ninho. É comum vê-los construindo os novos ninhos em cima dos antigos ninhos, de modo a formar até mesmo uma espécie de arranha-céu, com direito à lua-de-mel.

Entre o fio e o ninho foi quase só um voo –

embora houvesse um milhão de pios e sussurros entre eles.

Até que se sentaram um dia, entediados, para discutir a relação.

Joana andava queixosa de João.

João reclamava da horrorosa namorada do irmão.

E, entre queixas e reclamações, Joana traiu João.

Conheceu um joão-de-barro alemão

cheio de bossa e delicado como o raio

que vem antes do trovão.

Num fio de luz tensionado,

entre um poste e outro poste,

cujo trabalho era o de ficar ali parado,

dia e noite e noite e dia,

só esticando o fio,

só servindo de poste-suporte

para um monte de outros fios.

De repente,

o João e a Joana se entreolharam.

Bem timidamente.

Um segundo e já eram mais de um

(às vezes um).

Esta não é a história do João-de-Barro:

esta é a história da Joana-de-Barro,

mulher dele.

Um dia, os dois se encontraram em pleno frio.

Estavam à espreita do calor do sol,

por surgir atrás de uma nuvem plúmbea

de um dia cinzento,

equilibrados num fio.

História da
Joana-de-Barro

Abri a boca.

Acelerei um bocado.

O vento inteiro veio lamber, beijar, grudar, deitar e dormir

no meu céu.

Fechei a boca.

Ali eu já era uma motoca voando

sem asas nem roda:

só movida pelo sopro da vida com que Deus criou o mundo.

Sem infringir a regra derradeira,

arriscando uma ultrapassagem ao sinal vermelho,

eu não parava.

Seguia intransigindo o alerta

para permanecer à espera,

para permanecer parado,

e seguia imiscuindo-me

em qualquer banguela

de caminho, de túnel forjadinho,

até me colocar novamente

à frente dos demais veículos,

e de seus condutores – automotores,

à espera do verde afinal.

Era preciso driblar aqueles outros

e, custo fosse, ultrapassá-los, vencê-los

– às vezes, um a um –

num sutil jogo de corpo, rodas, guidão, mãos, pernas, músculos,

ora à esquerda,

ora à direita,

forçando uma ultrapassagem solitária,

e não sem razão trapaceira,

quando todos os demais obedeciam,

sempre involuntariamente,

às regras do trânsito

parados sob um sinal.

Rapidamente, aprendi,

com outros camaradas,

que não podíamos,

os da nossa estirpe,

ficar para trás, inertes e impotentes,

no final da fileira,

à espreita do alerta verde

a ser dado

pela sinaleira.

O meu destino, pois, era me embrenhar por essas esgueiras – animais e coisas e plantas

a vagar incessantemente

pelas veias que ligam

muitas cidades

numa só.

E os havia de todas as espécies e tamanhos:

camelos gigantes

(cheios de pessoas espremidas em suas cacundas),

lebres lépidas e pequeninas,

cavalos árabes, pretos reluzentes,

altivos e imponentes

(quase vincando o asfalto),

besouros fermentados

(*beetles* velhos e também da nova geração),

espécies de casinhas com muitas janelinhas e portas

(que atendiam pelo nome de Kombi).

Depois de alguma coragem

cautelosamente adquirida,

fui me vendo aos poucos

malabarista entre os zangões,

zunindo contra a força do vento gélido

e cortante,

zumbindo entre os dragões.

Uma direção firme, segura,

determinada em seguir –

só seguir adiante,

rumo a lugar nenhum.

Um vento e duas rodas:

era o que faltava para o meu voo.

Quando dei por mim,

estava sem rumo,

mas com direção.

História da Motoca
que saiu da Toca

– Que astronomia variável…Que astronomia instável… –

pensa o poeta.

Será que Saturno tem o maior anel do mundo?

Os estudos revelam novas facetas da atmosfera, ionosfera e magnetosfera de Saturno. Com uma sonda, foram analisados a velocidade do vento e o poder das tempestades que ocorrem no planeta. Sabe-se agora que as chuvas ocorrem apenas num lugar específico e sem que se encontrem razões para sua ocorrência. Às vezes, meses se passam, e nada acontece no planeta Saturno. De repente, uma tormenta aparece, e uma nova tempestade pode durar meses e depois desaparecer quando bem entender. Os ventos em Saturno são rápidos e dez vezes mais fortes que os registrados na Terra. O planeta tem um nevoeiro que começa a se formar no verão hemisférico e se dispersa no inverno, quando os anéis bloqueiam a atmosfera da luz solar. A névoa é composta de moléculas orgânicas derivadas de metano, que é um gás abundante na atmosfera. A quantidade de luz do Sol que atinge uma determinada área de Saturno é apenas 1% da que atinge o planeta Terra, afirma o cientista.

– Existe onda padrão? Existe fluidez que não seja natural? –
pergunta o não-astronauta.

Pequenas luas ultrapassam o anel, deixam nuvens como se fossem um rabo de cometa e, depois, somem. De onde elas vêm e para onde elas vão? Ainda não temos resposta. Outra descoberta foi que um dos anéis, chamado de B, revelou que sua extremidade tem uma estrutura oval, e sua forma desliza como água em uma piscina. Os cientistas sabiam, mas comprovaram só agora: os anéis têm a cor avermelhada. Também fizeram importantes descobertas sobre a formação dos aros: "pensávamos que a natureza desse material avermelhado era por causa de largas moléculas orgânicas. No entanto, o espectro, quando visto em detalhes, se parece mais com pequenas moléculas orgânicas, talvez algumas cadeias de carbono, as mesmas que formam o colorido de cenouras, tomates e laranjas". A colisão das incontáveis partículas dos anéis força sua fraca gravidade e gera uma fluidez natural, causando ondas padrão.

Os anéis do anel de Saturno eram quase um arco.

(Um arco é menor que um aro – apesar de parecer maior).

Os arcos e aros enfeitavam o planeta Saturno –

o planeta soturno,

taciturno

pelo seu desconhecimento humano.

E o astronauta falou:

E o planeta Saturno – noturno e diurno –

orbitava com seu grande anel,

com suas muitas luas e outros

aros ornamentais,

sensacionais,

siderais.

Era vermelho o anel-disco desse planeta.

Na verdade, não era envolto por um só anel.

Mas por um grande anel formado por outros anéis:

um conjunto de anéis formado por um

mais um

mais um

e mais outros

anéis.

Uma mais uma mais uma mais uma e mais muitas partículas.

Esse anel bem parecia uma metáfora do mistério:

continha coisas incontíveis,

continha partículas infinitas,

pedaços de gelo, pó, pedras –

micropartículas formando corpos infinitos,

micropartículas formando o cosmos infinito.

No universo, ele criou as estrelas, as galáxias, os cometas e os planetas.

Depois de criados todos os planetas, Deus se cansou.

Não tinha nem mais força para inventar as vidas que habitariam os planetas.

Deixou mal concluído o trabalho iniciado com os seres que habitariam a Terra.

Deus estava cansado.

Quando se preparava para guardar suas ferramentas,

recolher o sopro e apagar o fogo, Ele decidiu criar o sol,

a partir das faíscas e da chama que o ajudaram a construir os vulcões –

que também criara.

E, assim, derradeiramente,

antes de descansar no seu universo,

Deus decidiu pendurar no planeta Saturno o maior anel do mundo.

Deus estava cansado, cansado...

Tinha acabado de fazer a Terra inteira, inteirinha.

Cheia de água, flores, montanhas, florestas, nuvens, o homem e muitos outros bichos.

Não aguentava mais fazer poema.

E decidiu terminar sua obra com um único verso:

o universo.

História do Maior
Anel do Mundo

sozinho.

Um quatro e um oito de horas depois,

muitos ovos eclodiram e tornaram-se alevinos.

Um sete de dias depois,

os alevinos tornaram-se peixes

e começaram a nadar.

O pai, Beta-zul, saiu do aquário,

como tinha de ser.

Os peixes beta-filho cresceram um pouquinho,

o suficiente para que cada qual

seguisse o seu caminho

O ninho já estava preparado pelo macho.

A fêmea chegou, se aninhou, e, curvado sobre ela, o macho a abraçou.

Beta-zul e Beta-rabo, por um instante,

um breve instante,

amaram-se.

Abraçaram-se.

Ela foi embora, como devia ser.

Senão, o seu amor a faria sofrer:

Beta-zul e Beta-rabo são peixes beta,

que só sabem viver uma vida secreta,

quieta.

Então o Beta-zul respondeu:

– Sabe, sim, amor. Nem que seja por um único encontro, a gente sabe viver, amar e sofrer.

– O que devo fazer?, perguntou Beta-rabo.

– Venha por um tempo aqui dentro que eu vou lhe dizer.

Os peixes beta às vezes têm dois tês.

O peixe beta fica ainda mais sozinho só com um T.

Mas ele é alegre sozinho, sabe?

Para ele, o seu aquário pode ser um milhão de cenários

Um labirinto de água parada,

onde ele inventa o caminho.

Dia a dia, sozinho.

Um labirinto de água parada, aparentemente estagnada,

onde ele encontra oxigênio.

Dia a dia, com seu gênio.

Só com o seu *chip*.

Um *fish* e um chip, basta.

Brindemos com *fishs and chips*.

Eram dois betas, peixes de briga, que não sabiam deixar de viver sós

(palavra esquisita, que não poderia existir para mais de um só).

Eram peixes bons de grita, peixes-índio,

que só sobreviviam se sozinhos fossem

deixados em seu arremedo de mar.

Vindos da Tailândia – *Betalândia*,

uma espécie de Disneylândia dos sentidos:

cores, cheiros, gostos, modos, panos e tecidos,

tudo muito diferente e, ao mesmo tempo,

muito parecido.

Dentre os seres humanos, alguns peixes viviam sozinhos.

Eram pequenos e elegantes.

Sistematicamente eremitas.

Num dia cinza,

na solidão do lado de dentro de outro aquário,

o Beta-zul avistou o outro Beta

e sibilou:

— Hoje é dia do meu aniversário.

E a Beta-rabo respondeu:

— O que posso lhe dizer?

Não sei dar presente nem sei agradecer.

Só sei fazer sofrer, assim como você.

História do
Peixe-Só

– Ô, Borboleta, você reparou que todas as perguntas têm a mesma resposta? Pensei ser mais fácil entender assim.

– ?

– Para tudo o que se pergunta, você é a resposta.

– Eu? A resposta para tudo sou só eu?

– Sim: a-borboleta-amar-ela, a borbolenta, a lenda borbô, o amor, ela, o amor-elo, meu amoreco.

– Então me responde, em estado de fim: por que as lagartas se transformam em borboletas?

– Para fazer o outro ser. Lagarta não é mãe nunca. Borboleta é.

Toda lagarta vira borboleta, mas nem toda borboleta vira lagarta.

A lagarta para de comer. Fica quieta para conseguir transformar-se numa crisálida. Numa pupa. Sua estrutura será quimicamente destruída para a borboleta ser construída. Pode ocorrer – nesse meio tempo, de incerto tempo – que o seu desenvolvimento cesse: uma diapausa. Isso ocorrerá caso o ambiente não esteja favorável. Mas, ainda que dure um ano esse tempo, ela retomará o seu desenrolamento. Ela precisa de muita tranquilidade nessa fase. Uma revolução no seu interior está para ocorrer. Quando ela estiver pronta, os seus hormônios liberam-se para amaciar o casulo. Assim ela consegue rompê-lo, devagarzinho, primeiro; e, usando-o ainda como casa, nele fica pendurada com as asas para baixo, até que seu corpinho seque, e elas desamassem-se, prontas para, lisas, silenciosamente voarem o primeiro voo no céu lindo. O tempo – ah, o tempo... – para tudo isso acontecer, varia conforme a espécie. Pois são milhares as espécies de borboletas. Assim como são várias as intensidades da sua vida.

Quem é que precisa do silêncio
para ganhar asas e batê-las
no vento?

Quem é que, crisálida,
ao transformar sua energia,
é ouro e vira outro,
impávida?

Quem é que, com paciência e com ciência,
num pulo vira
um inseto esperto?

Quem é que vive em qualquer ambiente

e conhece todos os continentes

(fora a Antártida, onde o gelo não lhe parece claro o suficiente)?

Quem é que se desfaz do ovo,

constrói-se num casulo

e não tem medo de vir a ser no escuro?

Quem é que, sem culpa,

passa dias e dias em estado de pupa?

Quem é que quieta, tranquila e serenamente,

consegue metamorfosear-se

num ser diferente?

Quem é que sai do ovo,

anda pouco

e busca o máximo de reservas sem pouso?

Quem é que ganha asas

e trisca muitos e muitos voos

para viver menos de vinte dias com gosto?

Quem é que tem irmãs aos milhares

e atrai lânguidos olhares?

For-mo-sa, For-mo-sa:

quem é que parece (só parece) mariposa

e de noite fecha os olhos, as asas e repousa?

Se-rei-a, Se-rei-a:

quem é que tem multiamores,

voa de dia e chupa flores?

Quem é que tem cor para fazer correr o predador

e, assim camuflada, de flor venenosa,

voar até o seu derradeiro fim, alegre e airosa?

Prin-ce-sa, Prin-ce-sa:

quem é que tem beleza e é a bailarina da mesa?

Mais um.

Fo-fu-cha, Fo-fu-cha:

quem é que sai do ovo

linda, preguiçosa e gorducha?

Uhmm...

Ra-i-nha, Ra-i-nha:

quem é que nasce lagarta

e não jaz como lata?

Você sabe cantar, sabe?

Você sabe assoviar?

Espere aí.

Tive uma ideia:

Que tal a gente brincar de quem é o que é?

Ou de quem é quem é?

Às vezes, assim, você cola no meu pé!

Vou começar:

Amarelinha,

levinha,

toda soltinha.

Mas eu queria lhe falar, sabe?

Queria ouvir você.

Ver que cor têm os seus olhos e de que coração é feita a sua boca.

Mas você nunca me responde,

você nunca olha pra mim.

Escute, eu queria lhe contar um segredo.

Desde que você cruzou meu caminho (na verdade, me atropelou, foi isso),

minha vida tem sido guiada pela sorte.

Não há mau vento nem maré forte

que desgovernem meu norte.

Desde que você pra mim apareceu,

voando assim,

só voando.

Vem cá: o que você saber fazer?

Só sabe voar?

Olhe, estou um pouco cansado dessa brincadeira de ficar aqui parado.

Entre logo no meu carro.

Podemos fazer de conta que ele é uma espécie de armário.

Melhor: de planetário.

Eu faço a lua, a estrela, o céu azul escuro

e você fica nele voando,

assim, voando,

que nem uma pipa no aquário.

O que acha desse cenário?

— Ô, Borboleta!

Ô, Borboleeetaaaaa!

Você sabe latir?

Eu sei ensinar.

Você sabe mentir?

Eu sei ensaiar.

Você sabe dormir?

Eu sei sonhar.

Você sabe beijar?

Eu sei abraçar.

História da Borboleta Amarela

Lenda-lenta: quem observar uma borboleta amarela voando terá mil anos de felicidade.

Sumário

12   História da Borboleta Amarela

28   História do Peixe-Só

36   História do Maior Anel do Mundo

48   História da Motoca que saiu da Toca

58   História da Joana-de-Barro

68   História do Fio do Cabelo

76   História do Tatu e do Tatuí

82   História de Oito Pernas

92   História do Amor

Disparo um petardo com um estalido de dedo.

Recebo um abraço na tela e outro no espelho.

Esparadrapos e *band-aids* ainda curam dodóis.

Pretos, brancos e mongóis costumam dormir sob lençóis.

Humanos continuam atrás de chamados sem saber ao certo do que são formados.

O mundo mudou um bocado.

O mundo anda pouco mudado.

Este é um livro de curiosidades e de algumas obviedades que, nem por isso, deixam de ser curiosas – apenas assim.

Estamos na década dois do século vinte e um.

Cabelos existem há algum tempo.

Borboletas, planetas, lápis, peixes, nuvens, pássaros, cães, aranhas e livros também.

Crianças brincam com balão e lambem balinhas.

Adultos andam de avião e, às vezes, soltam bombinhas.

Livro das Curiosidades

A curiosidade é o reflexo do óbvio. O óbvio é o reflexo da curiosidade. Um e outro veem a si mesmos no espelho. Uma obviedade muitas vezes contém curiosidades insuspeitas. Uma curiosidade muitas vezes contém obviedades escorreitas. O olhar enviesado sobre o óbvio é pueril. O olhar enviesado sobre o curioso é valioso. Os videntes podem ter múltiplas idades. O curioso e o óbvio não se separam facilmente. Uma curiosidade e uma obviedade são faces da mesma moeda. A face é identificada apenas pelo ângulo em que se a vê. A contraface é espelhada. O curioso nem sempre é científico – está na poesia também. O óbvio nem sempre é banal – há muita dignidade no óbvio: real encoberto pela ilusão de que o curioso não habita o explícito.

Este livro é um vice-versa. E, como tal, ele não propõe uma síntese, mas um centro ou, mais precisamente, um ponto central: o amor. Ou, ainda, uma "História do Amor". E ela nos conta que o amor é o próprio in-finito: começa, termina e recomeça, como o próprio livro.

"Amarela", escreve Liana Portilho, na "História da Borboleta Amarela". E a cor que emoldura essa história é a mesma que emoldura a "História do Livro", num tom mais atenuado. "Amar ela", lemos depois. E daí podemos voar nas asas dessas borboletras que nos trazem para sempre a felicidade de um inconfessável amor: o amor às histórias e ao infinito literário, que não cabe em calendários de décadas ou de séculos, mas na alegria de um tempo fora do tempo: aquele que nos damos ao abrir um livro.

Que este livro infinito nos acompanhe, então, em nossa felicidade desde sempre clandestina: a leitura.

LUCIA CASTELLO BRANCO

Os calendários literários

É possível dar tempo ao tempo? Esta pergunta, tão óbvia quanto curiosa, é a primeira que me ocorre, quando termino de ler este livro de Liana Portilho. E me embaralho, por efeitos que me são causados pela própria leitura, numa resposta plausível. Talvez a sensação me venha do fato de que este é um livro que deu tempo ao tempo, esperando, guardado numa gaveta, até o seu momento de ser lido. Por outro lado, este livro me parece surgir agora, neste tempo de isolamento e de confinamento, como um relâmpago, como um clarão.

Então, talvez não seja de um livro que se trate, mas de dois: *Livro das Curiosidades, Livro das Obviedades*. E talvez não seja apenas uma década o que ele aguardou para vir à luz, mas duas, ou infinitas décadas, número incontável do que não se pode contar. O fato é que este livro, que se oferece à leitura de crianças de todas as idades, aponta sempre para o infinito: seja em seu desenho, seja porque o fim de um livro será sempre o começo de um outro, seja porque ele nos ensina que toda curiosidade é uma obviedade e vice-versa.

Dedico este livro à Luisa, meu amor-em-filha, que lê.

Livro das Curiosidades

LIANA PORTILHO